endlich Advent!

Claudia Mareth
Leandra Jaranowsky
Kerstin Hess
Verena Becker

BUSSECOLLECTION

WE
LOVE
X-MAS

Inhalt

KISS ME

Claudia Mareth

Die Dezembertage vor Weihnachten mag ich richtig gerne. Da sind alle irgendwie sensibilisiert. Kinder fangen an kleine Verstecke für ihre selbst gebastelten Geschenke zu suchen, alles geht ein wenig leiser und stimmungsvoller zu. Und im Grunde machen es die Kleinsten richtig, sie suchen einen Karton und machen etwas Unverwechselbares daraus. Das ist genau meins: Gebrauchtes oder neues Geschenkpapier, leere Schuhkartons oder Vespertütchen zu charmanten Adventskalendern umfunktionieren oder Draht-Kleiderbügel mit 24 bunten Überraschungspäckchen verschönern.
Und wenn der Alltag so eine Prise ‚Weihnachtsstimmung' bekommt, wird mir warm ums Herz. Sanft und wohl dosiert angehen lassen, und mit jedem weiteren Adventssonntag etwas mehr romantische Weihnachts-Atmosphäre zaubern. Und viel Kerzenlicht – das ist Advent, für mich und meine Familie ein ganz besonderer Zauber!

Adventskalender & Deko

Lustig-bunter Advents-kalender. Hierfür benötigen Sie tatsächlich einfach nur mehrere Schuhkartons. In Deckel und Unterseite werden jeweils bunte Papier-reste eingeklebt (am besten mit Kleister). Kartons nach Lust und Laune an der Wand befestigen und die Päckchen darin verteilen, bzw. an kleine Nägelchen hängen. Nach Weihnachten wird ein superschöner flippiger Bilderrahmen in Übergröße daraus!

Eine ganz zarte Angelegenheit, dieser Adventskalender. 24 unterschiedlich groß gefaltete Briefe, gefüllt mit schönen Sprüchen, Überraschungen oder Gutscheinen. Wunderbar dekorativ aufgehängt an einem schwarz lackierten Ast.

Mit ein paar zart gemusterten Papiersternen zaubert man sich in der Adventszeit nur einen Hauch Weihnachten in die Wohnung. Die Vorlage auf die gewünschte Größe hochkopieren, auf die Rückseite des Geschenkpapiers übertragen und ausschneiden. Auf der Rückseite mit etwas Kleister einstreichen und an die Wand kleben.

Den Setzkasten bauen Sie aus 10 mm dicken und 8 cm breiten Leisten. Sie benötigen 2 x 68 cm, 2 x 60 cm, 2 x 58 cm, 2 x 18 cm, 2 x 16 cm und 4 x 10,2 cm, 4 x 21 cm, 14 x 12,8 cm; eine Rückwand 5 mm aus MDF oder Sperrholz; weißen Acryllack; Heißkleber; kleine Nägelchen oder Schrauben 2 x 20 mm; Zahlenschablone oder Papierbuchstaben und roten Bastellack.

Sägen Sie Leisten und Rückwand zu und streichen Sie alles weiß. Trocknen lassen. Danach mit Bleistift dünn die Facheinteilung auf die Rückwand aufzeichnen. Jetzt nach Belieben per Schablone oder aus Papier die Zahlen 1 - 25 verteilen. Leisten mit Heißkleber fixieren. Zum Schluss können Sie die Leisten bequem von hinten und der Seite mit den Nägeln oder Schrauben befestigen.

Schöne Bescherung: wunderschöner Adventskalender mit vielen gepunkteten blauen und braunen Päckchen. Kranz aus verschiedenen Zweigen mit Schneespray leicht einsprühen und trocknen lassen. 24 Päckchen in Papier einwickeln und mit blauer Nylonschnur (aus dem Baumarkt) am Kranz befestigen. Zahlen aus Holz gibt es im Bastelgeschäft.

Adventliche Kehrbesen:
Nicht nur zur Weihnachtszeit wunderschöne Begleiter, auch danach erfreut man sich immer wieder an diesen mit Sternen, Kringeln und Tupfen verzierten Kehrbesen. Tipp: Damit sich die Farbe durch häufigen Gebrauch nicht abnutzt, Lack auf Kunstharzbasis verwenden. Zuerst alles weiß lackieren, dann per Schablone oder Abkleben die Verzierungen aufbringen.

24 Vespertüten, 24 Wäscheklammern, 24 Stoffreste – das ist tatsächlich alles, was man für diesen niedlichen Adventskalender braucht. 24 kleine Stoffquadrate zuschneiden und mit feinem Pinsel und weißer Bastelfarbe alle Zahlen von 1 bis 24 aufmalen und trocknen lassen. Anschließend mit etwas Klebstoff mittig aufkleben. Schnüre (z. B. Paketschnur) mit kleinen Nägelchen im Fenster spannen. Tütchen füllen und mit Wäscheklammern aufhängen. Dazwischen sehen Sterne, kleine Tannenzweige o. ä. hübsch aus.

Til
Fra

Mit dem Mini-Bäumchen kommt Weihnachtsvorfreude auf. Kleine Zwerghutfichte im Stoffmantel. Das Bäumchen ist bestückt mit einer kleinen Girlande, Zuckerkringeln und kleinen Prismen. Superschönes Mitbringsel im Advent oder zum Selberbehalten.

Reh-Anhänger: Rehmotiv auf gewünschte Größe kopieren und auf verschiedene Papierreste übertragen. Ausschneiden und mittig ein Loch einstanzen. Geschenkband durchziehen. Wer möchte, beklebt die Rückseite mit einem anderen Papier. Als Baumschmuck oder Geschenkanhänger geeignet.

Wie wäre es mit einem Adventsstuhl? Stühle wie dieser eignen sich perfekt dafür, denn die Lehne bietet genug Möglichkeiten, kleine Geschenke daran festzubinden. Ein kleiner schriftlicher Hinweis gibt dem ganzen einen noch liebevolleren Auftritt!

Mustermix unterm Tannenbaum oder am Adventskalender! Wenn Päckchen so herrlich kunterbunt eingepackt sind, mag man sie eigentlich gar nicht auspacken. Und schön arrangiert in einem Drahtkorb, wird sogar ein Adventskalender daraus. Papier keinesfalls wegwerfen, nach dem letzten Päckchen wird aus den vielen Papiermustern eine schöne Collage gemacht!

Kleine selbst gemachte Papierrosetten

Basic ist ein tolles Geschenkpapier, das farblich vielleicht auch excellent zu Ihrem Weihnachtsbaumschmuck passt? Ansonsten brauchen Sie Lineal, Klingenmesser, Klebestift, schmales Schleifenband oder Schnur und evtl. eine Schneidematte.

1 Für Rosetten, egal ob groß oder klein, gilt: man schneidet sich ein langes Rechteck zu. Wichtig: es sollte mindestens doppelt so lang wie breit sein, damit später beim Auffächern der Kreis geschlossen werden kann! So können Sie ganz verschieden große Rosetten basteln, was später am Baum sehr schön aussieht! Einfach nur diese Regel einhalten.
2 Nun von unten nach oben das Papier akkurat in Fächer/Falten legen. Die Faltengröße darf man auch individuell bestimmen. Hier werfen wir einen kurzen Blick darauf, wie die Falten aussehen. Es wird jedoch bis zur Oberkante hoch gefaltet. Je akkurater gefaltet wird, desto schöner sieht die Rosette später aus!
3 Das gänzlich gefaltete Papier jetzt zu beiden Seiten mittig knicken, dadurch lässt sich die Rosette später leichter zum Kreis auffächern. Damit die Rosette später in der Mitte nicht unschön aufklappt, wird ein beliebiges kleines Band wie auf dem Foto abgebildet eingebunden und zur Schleife geschlossen. Die Rosette komplett auffächern und beide Seiten zusammenkleben. Das geht am besten mit einem Klebestift. Jeweils äußere Papierkanten einstreichen und Gegenstück ankleben. Zusammendrücken, fertig.
4 Ein Ergebnis, das sich sehen lassen kann.

11
9
4
10
17
1
12
5
19

Geschenke verpacken

Ein besonderes Highlight im Advent ist die Zeit, wenn es daran geht, Geschenke hübsch zu verpacken. Bei dem überwältigenden Angebot an schönen Papieren, Bändern und Schnüren, Accessoires usw. kann man die eigene Kreativität so richtig ausleben. Und dann können Sie mit den liebevoll gestalteten Päckchen bis Heiligabend noch eine stimmungsvolle Deko zaubern.

Farbe ins Spiel bringen
Kombinieren Sie mutig drauflos, es muss nicht immer das traditionelle Rot sein, Neon sieht auch toll aus. Mit Papier: Packpapier mit einer selbst bestempelten Banderole, die Kanten mit der Zackenschere geschnitten, Bändchen mit Sternchen dran, schon ist das Geschenk chic verpackt.

Kordel, Schleifenband & Co.

Egal, in welches Papier Sie das Geschenk wickeln, richtig attraktiv wird eine Verpackung erst mit Schleifenschmuck. Und das funktioniert vom einfachen Packband bis hin zur üppigen Schleife aus vielen verschiedenen Bändern und Qualitäten. Probieren Sie es einfach aus.

Schöne Geschenkanhänger
Sammeln Sie beim nächsten Waldspaziergang hübsche Zapfen, trockene Zweige – einfach alles, was Ihnen gefällt. Damit bekleben Sie Paketanhänger und schon haben Sie einen individuellen Schmuck für jedes Päckchen.

Leandra Jaranowsky

2011 habe ich mich mit meinem Traum vom eigenen Café selbstständig gemacht. Mit der Konzeptidee vom Stöbern und Genießen in einem außergewöhnlichen Ambiente und damals gerade mal drei Tortenrezepten. Heute blicke ich zurück auf mehr als vier süße Jahre voller unvergesslicher Momente, schöner Begegnungen und einer inzwischen ansehnlichen Sammlung feiner Rezepte. Da ich sehr viel Zeit in meinem Café verbringe, liegt es mir immer sehr am Herzen, die Jahreszeiten durch stimmungsvolle Dekorationen ins Haus zu holen. Ganz besonders im Advent. Denn dann lade ich auch schon mal Freunde zum Adventskaffeeklatsch ein, und was liegt näher, als das im eigenen Café zu tun. Hier kann ich nach Lust und Laune mit Geschirr und Deko die richtige Atmosphäre schaffen. Eine weitere große Leidenschaft neben dem Café. Darum habe ich mich entschlossen, mich wieder mehr der Gestaltung zu widmen. Es warten schon neue Projekte darauf verwirklicht zu werden, und dafür habe ich bereits viele verrückte Ideen im Kopf.

Einladung zum Adventskaffee

Stimmungsvolle Dekoration

Ein echt süßer Advents-"Kranz". Man braucht dafür 4 große Einmachgläser mit Schraubdeckel. Die Deckel werden mit hübschen Stoffen beklebt, um den Rand kommt Zackenlitze. Einfache Kerzenhalter oben aufkleben. Die Gläser fülle ich mit aus Mürbeteig gebackenen Zahlen 1 bis 4 – Schleifchen drum, fertig!

Advent unter Glas
Als kleines Gastgeschenk gibt es selbst gebastelte Schneekugeln, eine davon habe ich gleich als Deko für eine Glasetagère verwendet.

Spekulatius-Kirsch-Torte (ohne Backen)

Für den Boden:

250 g Gewürzspekulatius
120 g Butter
1 Glas Schattenmorellen
3 Pck. Tortenguss rot
3 EL Zucker
1 TL Zimt

Für die Creme:

400 g Sahne
4 Pck. Vanillezucker
1 Pck. Schokomousse
3 EL Backkakao
1 Glas Kirschmarmelade

außerdem:

26er Springform
1 Backpapier
1 Tortenring
Spritzbeutel

Bei diesem Rezept benötigt man keinen Backofen! Dafür erleichtert es die Arbeit für die Herstellung des Bodens ungemein, wenn man eine Küchenmaschine zu Hause hat.

Zuerst die Spekulatius mit Hilfe einer Maschine oder ganz konventionell mit Gefrierbeutel und Nudelholz fein zerkleinern. Parallel kann die Butter in einem Topf bereits zerlassen werden. Nun die zerkleinerten Spekulatius mit der Butter mischen, in die mit Backpapier ausgelegte Springform geben und mit einem Esslöffel die Butter-Spekulatius-Masse gleichmäßig andrücken. Nach diesem Arbeitsschritt kann der Boden in den Kühlschrank gestellt werden.

Das Glas Kirschen mit dem Saft in einen Topf geben, mit dem Tortenguss, Zucker und Zimt vermischen und aufkochen. Die heißen, angedickten Kirschen auf den Spekulatiusboden geben und erneut warten, bis diese ausgekühlt sind.

In der Zwischenzeit kann die Creme für die Nikolausmützen hergestellt werden. Hierzu Sahne mit Vanillezucker locker aufschlagen. Die Hälfte der Vanillesahne mit der Schokomousse und dem Backkakao vermengen. Diese Mousse wird nun auf den vollständig ausgekühlten Kirschen verteilt und glatt gestrichen. Die andere Hälfte der geschlagenen Sahne in den Spritzbeutel füllen und Kreise mit einem Durchmesser von ca. 5 cm auf die Schokoschicht „zeichnen". Im Anschluss werden die Kreise mit der Kirschmarmelade gefüllt und zum Schluss mit einem kleinen Klecks Sahne verziert.

Diese Torte kann sofort verschmaust werden.

Mohn-Marzipan-Eierlikör-Torte

Für den Teig:

5 Eier
150 g Zucker
1 Pck. Vanillezucker
120 g Mehl
1 Pck. Backpulver
100 g Mohn

Für die Eierlikörcreme:

400 g Schmand
100 ml Eierlikör
1 Pck. Vanillesoße ohne Kochen

Für die Marzipandecke:

200 g Marzipan

400 g Sahne
1 Pck. Vanillezucker

10 ml Eierlikör
für die Dekoration

außerdem:

26er Springform
1 Backpapier
1 Tortenring

Den Backofen auf 175 °C (Umluft) vorheizen.

Eier, Zucker und Vanillezucker schaumig rühren. Mehl und Backpulver vermischen und über die Ei-Zuckermasse sieben. Alles verrühren bis sich die Zutaten verbunden haben und ein cremiger Teig entstanden ist. Anschließend noch den Mohn unterheben und die fluffige Teigmasse in eine 26er Springform geben. 30 Min. auf der mittleren Schiene backen.

In der Zwischenzeit die Eierlikörcreme zubereiten:
400 g Schmand mit 100 ml Eierlikör vermengen und das Päckchen Vanillesoßenpulver ohne Kochen hinzugeben.

Marzipan ausrollen: Für die zarte Marzipandecke ein wenig Puderzucker auf die Arbeitsfläche geben und dann den Marzipanblock dünn und gleichmäßig ausrollen. Danach einen Tortenring auf den Durchmesser des Mohnbodens (26 cm) einstellen und damit die Marzipandecke ausstechen.
Anschließend 400 g Sahne und 1 Päckchen Vanillezucker steif schlagen.

Mohnboden auskühlen lassen und später aus der Springform lösen. Einmal waagerecht durchteilen.

Jetzt kann es mit dem Schichten losgehen: Einen Boden auf einer Tortenplatte platzieren und den Tortenring drumherum stellen. Die Marzipandecke auf den Boden legen und mit der Eierlikörcreme bestreichen. Zunächst gut die Hälfte der Sahne auf die Creme geben und erneut glatt streichen. Dann den zweiten Boden auflegen.

Im letzten Schritt entweder die ganze Torte (wenn es besonders festlich sein soll) oder nur den oberen Boden mit der restlichen Sahne bedecken und nach Wunsch mit Sahnetupfen und Eierlikör verzieren.

Rotwein-Kuchen mit Schokoüberzug

Für den Teig:

250 g weiche Butter
200 g Zucker
2 Pck. Vanillezucker
4 Eier
250 g Mehl
1 Pck. Backpulver
1 EL Zimt
3 EL Backkakao
100 g Schokolade
(grob gehackt)
100 g gemahlene Mandeln
1/4 Liter Rotwein

Für die Glasur:

200 g Schokoglasur
Puderzucker (nach Wunsch)

außerdem:

26er Springform mit
Gugelhupfeinsatz
Backpapier
oder
Gugelhupf-Backform
Butter zum Ausfetten

Den Backofen auf 180 °C (Umluft) vorheizen.

Bei diesem Kuchen handelt es sich um ein All-In-One-Rezept. Butter, Zucker, Vanillezucker und Eier vermengen und schön cremig rühren. Dann erst alle anderen Zutaten hinzufügen und gut miteinander vermischen.
Den Teig in die gut mit Butter ausgefettete Backform geben und 30 Min. auf der mittleren Schiene im Ofen backen. Nach der angegebenen Backzeit vorsichtshalber eine Stäbchenprobe machen. Nachdem der Kuchen ausgekühlt ist, die Schokolade im Wasserbad schmelzen und den Kuchen mit der Schokolade überziehen. Zu guter Letzt noch ein bisschen Puderzucker auf den Kuchen sieben, sobald die Schokoglasur ausgekühlt ist.

Weihnachtliche Stempelkekse

Für den Teig:

200 g kalte Butter
100 g Puderzucker
1 Pck. Vanillezucker
1 Eigelb
1 Prise Salz
275 g Mehl
30 g Backkakao

außerdem:

1 Backpapier
1 Backblech
1 Teigroller
1 Plätzchenform (rund)
1 Keksstempel
Mehl zum Bestreuen der Arbeitsplatte

Den Backofen auf 200 °C vorheizen.

Zuerst die Butter in Würfel schneiden, dann mit Puderzucker, Vanillezucker, Eigelb und Salz in eine Rührschüssel geben und mit dem Handrührgerät vermischen. Nun kommen noch Mehl und Kakao dazu. Alle Zutaten miteinander zu einem glatten Teig verkneten und für ca. 1 Stunde in den Kühlschrank stellen. Wenn Sie den Teig wieder aus dem Kühlschrank holen, ist es Zeit, den Backofen vorzuheizen.

Den Teig auf einer bemehlten Arbeitsplatte ca. 1 cm dick ausrollen und dann mit einer runden Plätzchenform Kreise ausstechen. Jetzt noch die weihnachtliche Note mithilfe eines Keksstempels (Merry Xmas, Hohoho ...) „aufdrücken", und dann geht es für ca. 10–12 Min. in den Ofen (mittlere Schiene).

Nachdem die Kekse vollständig ausgekühlt sind, können sie nach Belieben verpackt werden. Besonders gut machen sie sich als kleine gebündelte Keksstapel mit roter Schleife.

Paradiesäpfel
(10 Stück)

10 kleine säuerliche Äpfel
(z. B. Elstar)
550 g Zucker
4 EL kaltes Wasser
1 Tube Lebensmittelfarbe (rot)
1 TL Zitronensaft
10 dicke Holzspieße oder
Holzmesser (Einmalbesteck)

außerdem:

1 Backpapier
Zucker
Dekomaterial

Zuerst die Äpfel waschen, gut trockenreiben und die Stiele entfernen. In das Stielloch wird nun der dicke Holzspieß oder das Holzmesser gesteckt.
Jetzt schon mal das Backpapier auslegen und mit Zucker bestreuen, um später darauf die Äpfel zu trocknen.

Und dann geht's auch schon los:
Zucker, Wasser, Zitronensaft und Speisefarbe verrühren und in einem Topf aufkochen lassen. Nun so lange weiterrühren, bis der Zucker aufgelöst ist und langsam anfängt zu karamellisieren. Sobald die Zuckermischung klar wird, den Topf vom Herd nehmen. Die Äpfel darin nun so lange drehen, bis diese komplett mit der Zuckerlösung überzogen sind.
Zu guter Letzt die Äpfel kopfüber auf das gezuckerte Backpapier stellen und warten bis sie ausgekühlt sind.
Yummy!

Achtung! Die Zuckermasse wird unglaublich heiß – also immer schön aufpassen!

Gebrannte Schokomandeln

Für den Teig:

400 g Mandeln mit Haut
80 g Puderzucker
1/2 Vanilleschote
90 g Blockschokolade, Zartbitter, in Stücken
1 Prise Koriander
1 TL Zimt

außerdem:

1 Backpapier
Backblech
große Schüssel mit Deckel

Zuerst den Backofen auf 160 °C (Umluft) vorheizen.
In der Zwischenzeit das Backblech mit dem Backpapier auslegen und dann darauf die Mandeln gleichmäßig verteilen.
Den Puderzucker in die große Schüssel füllen und mit dem ausgekratzten Mark der Vanilleschote vermischen.
Nun 2 EL vom Vanille-Puderzucker über den Mandeln verteilen und dann das Blech 25–30 Min. auf mittlerer Schiene in den Ofen schieben. Gelegentlich die Mandeln wenden.
Nach dem Backen müssen die Mandeln auf dem Backblech auskühlen.

Und so geht es dann weiter:
Die Blockschokolade mit Koriander und Zimt in einen Topf geben und im Wasserbad schmelzen. Sobald die Schokomischung flüssig ist, die Mandeln dazugeben und darin wälzen, bis die Mandeln rundum mit Schokolade überzogen sind.
Dann die Schokomandeln zum Zucker in die große Schüssel füllen, den Deckel gut verschließen und dann schütteln was das Zeug hält.
Jetzt müssen die Mandeln nochmals auf dem Backpapier vollständig auskühlen und können dann in kleine Tütchen verpackt werden!

Ein wunderbares Geschenk für den Wichtelabend und die Omi – oder einfach selber naschen!!!

Geschafft. Alles ist vorbereitet, schnell noch die Kerzen anzünden, dann können die Gäste kommen. Ich freue mich auf einen gemütlichen Adventsnachmittag!

Caffé Latte
Chocolate, White
Schlürf Tee
Kanne Tee
Minze

06
Rehserviert

Kerstin Hess

Das Jahr geht dem Ende entgegen und die gemütliche Adventszeit beginnt. Kerzenlicht erfüllt die Räume mit warmem Glanz, es duftet nach Plätzchen und Tannengrün.

Es ist die Zeit im Jahr, in der ich besonders gern kleine persönliche Geschenke gestalte, um anderen eine Freude zu bereiten. Ich liebe es, mit Freunden gemeinsam zu kochen, und mit ihren Kindern zu backen. Es ist auch die Zeit für gemütliche Abende mit langen Gesprächen bei einem guten Glas Rotwein. Für dieses Buch habe ich drei Tische gedeckt – mit selbst gemachten Accessoires, die nicht nur eine festliche Tafel schmücken, sondern sich auch gut als kleines Geschenk eignen. Damit machen Sie Ihren Gästen eine doppelte Freude – als liebevolle Tischdekoration und Erinnerung an einen wunderbaren Adventsabend.

Rehe und Hirsche versammeln sich im Tannenwald. Das bezaubernde Leporello auf der Tischmitte wird ergänzt durch locker gelegte Lärchenzweige, Nüsse und silberne Tannenzapfen. Die Servietten zieren ebenfalls Rehe, Hirsche und Tannenbäumchen in allerlei Varianten.

Advent im Wald

Hirsche und Tannen für Servietten und Dessert

Einzelne, schön bemalte Hirsche und Tannen werden auf einen gepunkteten oder gestreiften Papierstrohhalm geklebt. Besonders schön sieht es aus, wenn Sie die Strohhalme noch mit Schleifen, kleinen Schildern, Lärchenzapfen und Zweigen schmücken.

Wald-Leporello

Das Leporello besteht aus verschiedenen Tannenformen, Hirschen und Rehen. Vorlagen auf Seiten 102–103.

Von einem Bogen aus dickerem weißen Papier 70 x 50 cm, schneiden Sie einen Streifen in den Maßen 14 x 70 cm ab.
Ziehen Sie eine feine Bleistiftlinie in 3 cm Abstand vom unteren Rand.

Mit Hilfe eines Transparentpapiers können Sie die verschiedenen Vorlagen übertragen.
Legen Sie das Transparentpapier auf die Vorlage und zeichnen Sie mit einem weichen Bleistift (HB) die Vorlage nach.
Nun die durchgezeichneten Vorlagen auf dem Transparentpapier mit der Seite, auf der sich die mit Bleistift aufgetragenen Motive befinden, an die vorgezeichnete lange Linie auf den weißen Papierstreifen auflegen. Mit Druck des Daumennagels an den Bleistiftlinien entlang fahren.

So können Sie ein Motiv nach dem anderen der Reihe nach übertragen. Wenn der Bleistift auf dem Transparentpapier durch zu viele Übertragungen nachlässt, die Form erneut mit Bleistift nachzeichnen. Mit Hilfe eines scharfen Cutters die Formen frei Hand ausschneiden.
Hochstehende Schnittkanten mit dem Daumennagel flach drücken.

Nun das Leporello im unteren Rand im Zick-Zack-Verfahren knicken. Achtung, es kann nur an den Stellen geknickt werden, wo sich kleine Zwischenräume zwischen den verschiedenen Formen befinden. Daher sind die Abstände unterschiedlich. Vor dem Knicken leicht anritzen, damit es sich besser falten lässt.

Mit schwarzer Farbe, Deckweiß und verschiedenen Stempeln die ausgeschnittenen Formen schön gestalten. Steht das Leporello in der Mitte des Tisches, muss es von beiden Seiten gestaltet werden.

Deko mit Silber und Naturmaterialien

Als kleine Überraschung gibt es für jeden Gast ein Schokoladentäfelchen, in verschiedenen Formen und Verpackungen. Die zur Deko passende Süßspeise ist eine Mousse au Chocolat, serviert in kleinen Gläschen (Rezept auf Seite 61).

Schöne Geschenke
für die Gäste

Mousse au Chocolat

für 7 kleine Gläser

Zutaten:

100 g Halbbitter-Schokolade
100 g Sahne
3 Eiweiß

Schokolade im Wasserbad schmelzen.
Leicht abkühlen lassen und mit der steif geschlagenen Sahne vermischen.
Eiweiß sehr steif schlagen und gleichmäßig unterheben.
In eine Schüssel geben oder mit dem Spritzbeutel in kleine Gläser füllen.
Kalt stellen und gut durchgekühlt servieren.

Lebkuchen

für 20 Tannenbäume

Für den Teig:

500 g Mehl
500 g flüssiger Honig
2 TL Zimt
1 TL Nelken
1 knappe Tüte Backpulver
500 g gemahlene Mandeln
2 Eier

Backofen: 180 °C / Gas: Stufe 3

Achtung: Der Teig muss 24 Stunden ruhen.

Eier und Honig schaumig rühren. Backpulver und Mehl gut vermischen, dann alle Zutaten zu der Eier-Honigmasse geben und zu einem Teig verkneten. Teig einen Tag im Kühlschrank ruhen lassen.

Vorlage für die Tannenbäume (Seiten 102–103) auf ein Backpapier übertragen und ausschneiden.

Damit der Teig in seiner Oberfläche schön glatt bleibt, werden kleine Mengen Teig für 1 bis 2 Tannenbäume zwischen 2 Backpapieren 5 mm dick ausgerollt, dabei bitte kein Mehl verwenden.

Backpapierschablone auf den Teig legen und mit einem scharfen Messer an der Kante entlang schneiden. Die Tannenbäume auf dem mit Backpapier ausgelegten Backblech schön in Form bringen, überstehende Teigstückchen mit dem Messer andrücken. Lebkuchen goldbraun backen. Wenn sich während des Backens Blasen bilden, den Teig mit einem flachen Schieber immer wieder platt drücken.

Nun können die Tannenbäume nach Belieben verziert werden.

Duftende Adventstafel

Apfel, Zimt und Mandelkern?
Hier ist es ein Sternenhimmel aus Lavendel, Rosmarin, Oliven- und Buchsbaumblättern, Sternanis, gemischtem und rotem Pfeffer, der einen feinen Duft in die Luft zaubert.

Weihnachtliche Kräutersterne

Ein mit Lavendelblättern, Rosmarin, kleinen Buchsbaumblättern, Olivenblättern, Sternanis, gemischtem Pfeffer und rotem Pfeffer weihnachtlich geschmückter Tisch sieht nicht nur schön aus, es liegt auch noch ein feiner Duft in der Luft.
Um eine schöne Sternform zu bekommen, legen Sie Ausstecher-Formen in verschiedenen Größen an die gewünschten Stellen auf Ihren Tisch. Der große Stern hat zum Beispiel eine Länge von 17,5 cm von Spitze zu Spitze.
Zuerst größere Elemente in die Ausstecher-Form legen und schlanke Blätter an manchen Stellen an die Sternränder und Spitzen positionieren. Nun den Pfeffer schön verteilen. Ausstecher-Form vorsichtig hochheben und die zurückbleibende Sternform korrigieren oder bei Bedarf noch etwas ergänzen.

GOD JUL

Weihnachts-Vögel mit gestreiften Bändern

Eine Vorlage für die Schablone der Vögel finden Sie auf Seite 103. Pausen Sie nach der Beschreibung zum „Wald-Leporello" den Vogel auf ein dickeres, weißes Papier. Den Vogel ausschneiden, auf dickeren weißen Karton legen und mit dem Bleistift an den Kanten der Schablone die Form übertragen. Vogelform ausschneiden und nach Ihren Vorstellungen gestalten.

Bevor die Papierflügel aufgeklebt werden, auf der nicht sichtbaren Seite den Flügel dort leicht anritzen, wo der Knick sein soll. Dann lässt es sich leichter knicken. Auf der äußeren Flügelrückseite die verschiedenen grünen Zweige mit Klebestift oder Klebeband befestigen.

Aus einem Ilexblatt kann auch ein hübscher Flügel werden. Mit einer Sternstanze können Sie das Blatt noch verschönern, in dem Sie einen Stern in das Blatt stanzen. Das Ilexblatt auf den Vogel legen und knapp rechts und links des Stiels zwei kleine Löcher stechen und mit einer Schleife festbinden.

Die aufeinander abgestimmten schönen Bänder auf der Rückseite der Vögel mit einem Klebeband befestigen.

Adventliche Dekorationen und Leckereien

Verzaubert sind die Gäste vom Servietten-schmuck: entzückende Vögelchen an hübschen gestreiften Bändern. Für einen zweiten Gang liegen schon weitere geschmückte Servietten bereit. Und ein ganz bezaubernder Augen- und Gaumenschmaus am Ende eines Menüs sind die Mandel-Zimt-Limetten-Törtchen.

Mandel-Zimt-Limetten-Törtchen

für 9 Törtchen

Zutaten (Törtchen-Durchmesser 7 cm):

3 Eier
140 g Butter
200 g Zucker
1 Pck. Vanillezucker
4 EL Rum
140 g gemahlene Mandeln
oder 70 g Nüsse/ 70 g Mandeln
70 g Semmelbrösel
70 g Mehl
2 TL Backpulver
100 g Orangeat
1 Becher Sahne
Zimt und Zucker

Deko:
Pralinen nach Wunsch
Bio-Limetten
Silberperlen
essbarer Glimmer

Backofen: 180 °C / Gas Stufe 3

Backzeit 15 bis 20 Min.

Eier trennen. Butter, Eigelb, Zucker und Vanillezucker verrühren. Orangeat fein schneiden und dazu geben. Ebenso Rum, gemahlene Mandeln, Nüsse, Semmelbrösel, Mehl und Backpulver. Backpulver und Mehl vorher gut vermischen. Eiweiß steif schlagen und unter die Masse heben.

Den Teig schön gleichmäßig etwa 2 cm dick auf ein mit Backpapier ausgelegtes Backblech streichen. Die Teigmenge wird nicht das ganze Backblech füllen. Wenn beim Backen Blasen entstehen, den Teig mit einem flachen Holzschieber glatt drücken.

Kuchen abkühlen lassen und mit einer Ausstecher-Ringform Kreise ausstechen.
Geschlagene Sahne mit Zimt und Zucker abschmecken.
In einen Spritzbeutel füllen und schön kreisförmig auf die kleinen Tortenböden spritzen. In die Mitte eine große Praline stecken und über das Ganze Limettenschale raspeln.
Schön sehen dazu noch kleine Silberperlen und essbarer Glimmer aus.

Das ist das Haus vom Nikolaus. Modern interpretiert. An dieser feinen, eleganten Tafel würde sich bestimmt auch der Nikolaus gerne niederlassen. Aber der muss ja weiter …

Das Haus vom Nikolaus

Festlicher Tischschmuck und ein feines Dessert

Die Gäste erfreuen sich an einem prächtigen Centre-piece aus trockenen Zweigen in einem Champagnerkühler, geschmückt mit silbernen Weihnachtsanhängern.
Die Tannenbäumchen als Serviettenschmuck wiederholen das Motiv der Cut-outs im unteren Teil der Weihnachtshäuschen. Als süße Leckerei wird hier ein winterliches Kirschkompott gereicht.

WINTERLICHE WEIHNACHTSHÄUSER

Die Vorlage für die weißen, winterlichen Weihnachtshäuschen finden Sie auf Seite 102. Das Haus besteht aus zwei Haushälften. Übertragen Sie die Vorlage wie bei der Beschreibung des Wald-Leporellos auf dickeres weißes Papier. In diesem Fall ist es besser, Sie machen sich einmal eine Papierschablone und können damit das Haus genauer übertragen.
Nun die Schablone auf dickeren weißen Karton auflegen und mit einem Bleistift an den Kanten des Hauses, der Fenster und Tannenbäume entlang fahren. Mit Hilfe eines scharfen Cutters alles frei Hand ausschneiden.
Bevor die beiden Haushälften ineinander gesteckt werden, muss ein Schlitz, so dick wie der Karton, auf der einen Haushälfte von der Spitze des Hauses nach unten etwas über den Mittelpunkt des Hauses geschnitten werden. Bei der anderen Haushälfte, vom unteren Rand des Hauses in der Mitte nach oben ebenfalls etwas über den Mittelpunkt des Hauses einen Schlitz schneiden. Siehe Skizze auf Seite 102.

KLEINE WEISSE TANNENBÄUME

Zwei kleine Tannenbäume mit einem aufgeklebten Silberstern sind ein bezaubernder Serviettenschmuck. Beide Bäume und der Bodensteg in der Mitte werden zusammenhängend frei Hand mit einem scharfen Cutter ausgeschnitten. Siehe Skizze auf Seite 102. An der Stelle, wo der Bodensteg geknickt werden soll, auf der sichtbaren Seite leicht anritzen, dann knicken. Beide Tannenbäume an der Spitze zusammenkleben.

Winter-Kirschen

4 bis 6 Portionen

250 g Schmand
250 g Mascarpone
300 g Joghurt
50 g Puderzucker
1 Pck. Vanillezucker
130 ml Baileys
1 TL Zimt
1 Glas Sauerkirschen
Mandelstifte
Schokoladenraspeln

Schmand, Mascarpone, Joghurt, Vanillezucker und Puderzucker vermischen. Baileys und Zimt unterrühren und bis zum Servieren kalt stellen.
Mandelstifte ohne Fett in der Pfanne goldbraun rösten. Etwas Zucker hinzufügen und karamellisieren.
Vor dem Servieren Kirschen und etwas Kirschsaft unter die Creme mischen, mit Mandelstiften und Schokoladenraspeln bestreuen.

Verena Becker

Ich bin in einer quirligen sechsköpfigen Familie in Norddeutschland aufgewachsen, in der leckeres, genussvolles und vollwertiges Essen immer schon eine große Rolle im Alltag spielte. Das ganz besonders in der Adventszeit. Da kommen dann sowohl einfache wie auch aufwendigere Köstlichkeiten auf den Tisch, wenn man sich mit Freunden und Familie bei einem gemütlichen Essen zusammenfindet. Wenn ich an Advent denke, habe ich sofort vertraute Gerüche wie duftenden Zimt, Vanilleschote und Nelke in der Nase.
Essen ist meine Leidenschaft. Ich bin überzeugt davon, dass gemeinsames Essen und Kochen nicht nur die Sinne öffnet, sondern auch eine wichtige Säule der Kommunikation darstellt. Ich liebe Märkte, Wein, traditionelles Lebensmittelhandwerk und Menschen, die mir die Geschichte einer Speise erzählen können. Darum arbeite ich freiberuflich im Bereich Text und Foodfotografie, um meiner Leidenschaft für Essen und Trinken sowie Themen rund um Genuss und Ernährung auch beruflich folgen zu können.

Köstliches im Advent

Normalerweise ist der Winter nicht gerade die Jahreszeit, in der es einen nach knackigen, kalten Salaten gelüstet, sondern man greift lieber zu wärmenden Suppen und deftigeren Alternativen. Doch Sie sollten unbedingt diesen bittersüßen, fruchtigen Salat probieren. Radicchio und Chicorée, die oft alleine sehr bitter daherkommen, werden durch den Orangensirup, dem mit Honig gratiniertem Ziegenkäse, den süßen Orangen und den Pinienkernen perfekt ergänzt. Nicht nur optisch ist dieser Salat ein kleines Highlight, sondern auch als stimmungsvoller Starter für ein Menü eine tolle Sache. Versuchen Sie eine möglichst vielfältige Auswahl an roten Blattsalaten und roten Kräutern zu bekommen. Roter Babymangold, Rote-Bete-Sprossen oder lilafarbenes Basilikum sorgen für Abwechslung auf dem Teller und für ein besonderes Geschmackserlebnis. Wer keinen Ziegenkäse mag, kann alternativ auch zu gutem italienischen Ricotta greifen.

Bittersüßer Salat mit gratiniertem Ziegenkäse

Zutaten für 4 Personen

2 Blutorangen
1 Orange
20 ml Zitronensaft
40 g Zucker
1/2 Radicchio
1 kleiner Chicorée
1 Hand voll roter Mangold
1 Hand voll gemischte rote Sprossen/Kräuter
3 EL Olivenöl
180 g Ziegenkäse
1 EL Honig
Fleur de Sel
30 g Pinienkerne
30 g grob gehackte Walnusskerne
Kerne eines kleinen Granatapfels
Salz
schwarzer Pfeffer

Orangen und Blutorangen filetieren. Dabei den Saft der Früchte auffangen. Zitronensaft, Zucker und 1 Prise Salz hinzufügen und etwa 15-20 Min. köcheln lassen, bis nur noch ca. 3 EL Sirup übrig sind. Nun den Sirup abkühlen lassen.

Ziegenkäse in gleich große Scheiben schneiden, mit Honig bestreichen, etwas Fleur de Sel darüber streuen und im Ofen goldbraun backen. Salatblätter in gleich große Stücke teilen. Pinienkerne und Walnusskerne rösten. Salatblätter mit dem Olivenöl und etwas Salz und Pfeffer vorsichtig marinieren. Blattsalat gleichmäßig auf die Teller verteilen. Orangenfilets, Blutorangenfilets, Pinienkerne, Walnusskerne, Granatapfelkerne und Ziegenkäse auf dem Salat verteilen. Nun mit dem Orangensirup beträufeln und servieren.

Avocado und Mango sind Zutaten, die sehr gut miteinander harmonieren. Die Gurke verleiht dem Duo noch eine schöne leichte Frische und Knackigkeit.

Ich finde, dass dieses Gericht toll als Vorspeise in ein mehrgängiges Menü passt. Es ist würzig, leicht und macht Lust auf mehr. Ihre Gäste werden es lieben! Quasi die moderne Variante eines allzu gut bekannten Klassikers: dem Krabbencocktail. Mit der cremigen selbst gemachten Chili-Mayonnaise ein genussvoller Einstieg!

Riesengarnelen mit Avocado-Mango-Gurken-Tatar

Zutaten für 4 Personen

Für die Mayonnaise:

1 frisches Ei
125 ml Sonnenblumenöl
3-4 EL Zitronensaft
1 TL Senf
3 Spritzer grüner Tabasco
½ Chilischote
1 Knoblauchzehe
2 TL Tomatenmark

Für das Tatar:

1 Mango
1 Avocado
1/4 Salatgurke
1 Schalotte
6 EL Olivenöl
100 g Rucola
2 EL Weißweinessig
Salz
Pfeffer

Garnelen bis zur Schwanzflosse schälen, am Rücken vorsichtig einschneiden und den Darm entfernen.

Für die Mayonnaise Ei, Öl, etwas Salz, 2 EL Zitronensaft und Senf in ein hohes Gefäß geben. Einen Schneidstab hineinstellen und ihn ohne dabei zu bewegen so lange laufen lassen, bis die Masse cremig und leicht dicklich wird. Tabasco, fein geschnittenen Knoblauch und Chilischote sowie das Tomatenmark untermischen und mit Salz und Pfeffer würzen.

Mango, Gurke und Avocado schälen und in gleich große Würfel schneiden. Schalotten sehr fein schneiden. Alle Zutaten mit dem restlichen Zitronensaft und Olivenöl mischen und würzen. Das Tatar mithilfe eines Servierrings auf den Tellern anrichten. Rucola mit Essig und etwas Olivenöl beträufeln, ebenfalls würzen und auf dem Teller anrichten. Die Garnelen in einer heißen Pfanne braten und auf dem Tatar anrichten. Mit der Mayonnaise beträufeln und servieren.

Früher waren Maronen als Brot des armen Mannes bekannt und wurden oft als Mehlersatz verwendet. Dabei sind die braunen Früchte der Edelkastanie, eine der ältesten Nutzpflanzen der Welt, ein wunderbares und vielseitig einzusetzendes Lebensmittel. Ich mag den süßlichen Geruch von gerösteten Maronen sehr. Er erinnert mich an die Zeit, in der ich in Rom gelebt habe und heiße Maroni gerade in der kalten Jahreszeit an jeder Straßenecke verkauft wurden. Ihr typisches süßliches Aroma entwickelt sich während der Zubereitung, wenn sich Stärke in Zucker umwandelt. Dabei sind die duftenden Kerne außerdem noch der gesündeste Wintersnack, den die Schlemmerstände zu bieten haben.
Geröstete, karamellisierte und leicht gesalzene Maronen sind für mich mit das Beste, was man aus Maronen zaubern kann.
Meiner Suppe geben die Maronen ein köstliches nussiges Aroma. Die leicht scharfen Zimtcroûtons passen dazu einfach perfekt. Das Gericht ist für mich wahres Soulfood und jeder Löffel der dampfenden, wärmenden Suppe macht Lust auf mehr.

Maronensuppe mit Zimtcroûtons

Zutaten für 4 Personen

2 Kartoffeln
4 Schalotten
2 Knoblauchzehen
600 g geschälte Maronen
100 ml trockener Rotwein
150 g Butter
1 l Rinderbrühe
250 ml Sahne
4 Scheiben Weißbrot
Salz
schwarzer Pfeffer
Muskatnuss
1 TL Zimt
½ TL Cayennepfeffer
Schnittlauch

Schalotten und Knoblauch schälen und fein hacken. Kartoffeln schälen und in Stücke schneiden. In einem Topf die Hälfte der Butter schmelzen lassen und die Schalotten und den Knoblauch darin bei mittlerer Hitze glasig dünsten. Kartoffeln und Maronen hinzufügen und 1 Min. mit anschwitzen. Mit dem Rotwein ablöschen und etwas einkochen lassen. Die Rinderbrühe hinzufügen und nun etwa 25-30 Min. bei mittlerer Hitze köcheln lassen.

In der Zwischenzeit das Weißbrot entrinden und in kleine Würfel schneiden. In einer großen Pfanne die restliche Butter erhitzen. Brotwürfel hinzugeben und knusprig braten. Etwas Salz, Zimt und Cayennepfeffer hinzugeben und die Pfanne nochmals kurz durchschwenken.

Die Suppe mit einem Zauberstab pürieren. Dann die Sahne hinzufügen und unterrühren. Mit frisch geriebener Muskatnuss, Pfeffer und Salz kräftig abschmecken. Suppe auf vier Tassen verteilen, mit Croûtons bestreuen und evtl. mit etwas Schnittlauch garnieren.

Selbst gemachte Pasta ist immer etwas Besonderes, mit dem Sie Ihre Gäste und sich selbst verwöhnen können. Dabei ist es gar nicht so aufwendig, wie viele denken. Und das Wichtigste: Es lohnt sich! Nudelsorten wie Spaghetti oder Penne gibt es vielerorts in hervorragender Qualität zu kaufen. Bei gefüllter Pasta sieht das jedoch anders aus. Geschmacklich liegen Welten zwischen industriell hergestellten Ravioli und selbst gemachten Ravioli aus frischem Nudelteig. Wer dies regelmäßig tun möchte, dem würde ich auf jeden Fall raten, sich eine kleine Pastamaschine zuzulegen. Denn mit den Walzen der Maschine lässt sich der Teig ohne viel Kraft und Aufwand hauchdünn ausrollen. Die gefüllten Nudeln lassen sich auch sehr gut vorbereiten. Sobald sie fertig gefüllt sind, werden sie mit etwas Abstand auf ein bemehltes Blech oder Tablett gelegt und eingefroren. Abends können die gefrorenen Ravioli dann direkt in das kochende Wasser gelegt werden – ohne sie vorher aufzutauen!
Dieses Gericht ist ein richtiger Seelentröster an kalten Winterabenden. Durch den Kürbis hat es nussige Aromen, ist cremig und leicht süß, was hervorragend durch die karamellisierten Maronen aufgefangen wird. Die fertige Pasta wird dann in Salbeibutter geschwenkt, mit viel Parmesan bestreut und mit etwas schwarzem, frisch geriebenem Pfeffer gewürzt. Einfach nur lecker!

Kürbisravioli mit Salbeibutter

Zutaten für 4 Personen

Für den Teig:

400 g Mehl
4 Eier
3 EL Olivenöl
evtl. eiskaltes Wasser
Salz

Für die Füllung:

450 g Kürbisfleisch
1 Zwiebel
etwas trockener Weißwein
200 ml Gemüsebrühe
100 g geriebener Parmesan
frisch geriebener Muskat
eine Prise Zimt
eine Prise Cayennepfeffer
50 g Maronen
30 g gehackte Salbeiblätter
4 EL Butter
1 EL Puderzucker
Parmesan
Salz
schwarzer Pfeffer

Für den Teig alle Zutaten zügig miteinander verkneten und den Teig in Klarsichtfolie im Kühlschrank mindestens 1 Stunde ruhen lassen. In der Zwischenzeit Kürbis und Zwiebel in kleine Würfel schneiden. Kürbis in Olivenöl anbraten, nach ca. 3 Minuten die Zwiebel hinzugeben. Mit Weißwein ablöschen und ein paar Minuten garen lassen, bis die Flüssigkeit verschwunden ist. Gemüsebrühe hinzugeben und so lange köcheln, bis der Kürbis fertig gegart ist. Abkühlen lassen und pürieren. Nun mit Salz, Pfeffer, Muskat, Zimt und Cayennepfeffer kräftig abschmecken und den Parmesan unterheben.

Wasser für die Ravioli aufsetzen und den Backofen auf 220 °C vorheizen. Maronen kreuzweise auf der bauchigen Seite einritzen und mit der bauchigen Seite nach oben auf ein Backblech legen. Dies verhindert, dass die Maronen im Ofen unkontrolliert aufplatzen. Im Ofen etwa 10 Min. backen, bis die Schale aufspringt. Darauf achten, dass sie nicht zu lange garen, da sie sonst steinhart werden können. Nun aus dem Ofen nehmen, leicht abkühlen lassen und die Schale ablösen.

Für die Ravioli Pastateig dünn (Stufe 6) zu ca. 6 Bahnen ausrollen. Etwa alle 3 cm einen TL der Kürbismasse setzen. Bahnen zusammenklappen und entweder mit einem Ravioliausstecher oder einem Glas Ravioli ausstechen. Die Ränder der Ravioli gut zusammendrücken. Für die karamellisierten Maronen 2 EL Butter in einem Topf schmelzen lassen. Puderzucker und Maronen dazugeben und unter Rühren karamellisieren lassen. Maronen in Scheiben schneiden.

Die Ravioli in siedendem Salzwasser gar ziehen lassen, bis sie oben schwimmen. In der Zwischenzeit 2 EL Butter in einer großen Pfanne erhitzen. Ravioli abtropfen lassen und in der Pfanne mit dem Salbei kurz mitbraten. Mit Pfeffer würzen und mit geriebenem Parmesan bestreuen. Maronen darüber verteilen und servieren.

Dieses Pilzragout ist ein wunderbares Gericht, wenn Sie Vegetarier unter Ihren Gästen haben. Pilze bestehen zu etwa 40 % aus Proteinen und haben somit im Vergleich zu anderem Gemüse einen sehr hohen Eiweißgehalt. Sie hinterlassen ein saftiges, fleischiges Essgefühl und sind außerdem sehr sättigend. Wenn Sie frische Steinpilze oder andere tolle Sorten ergattern können, dann greifen Sie unbedingt zu und verwenden diese für das Rezept. Dazu können einfach ein paar gute, geröstete Scheiben Sauerteigbrot gereicht werden.
Eine Alternative dazu wäre eine cremige, warme Polenta.
Die Kombination aus Pilzen, wachsweichem Ei und etwas Trüffel ist klassisch und einfach nur köstlich. Der Moment, wenn die Gabel in das pochierte Ei sticht, das Eigelb herausfließt und sich an die Pilze schmiegt – herrlich.

Pilzragout mit Rucola und pochiertem Ei

Zutaten für 4 Personen

600 g frische gemischte Pilze
2 Knoblauchzehen
2 Zwiebeln
1 Möhre
1 kleines Stück Sellerie
100 ml Weißwein
4 frische Eier
100 g saure Sahne
4 EL gehackte Petersilie
100 g Rucola
100 ml Olivenöl
Trüffelöl
Salz
Pfeffer

Für den Fond Knoblauch, Zwiebeln, Möhre und Sellerie schälen und grob würfeln. 1 EL Olivenöl in einer Pfanne erhitzen, das Gemüse hinzufügen und etwa 5 Minuten anschwitzen.
Mit dem Weißwein ablöschen und etwa 1 Minute bei starker Hitze einkochen lassen. 400 ml Wasser und etwas Salz hinzugeben und bei niedriger Temperatur auf die Hälfte einkochen lassen. Den Fond durch ein Sieb in die Pfanne gießen und das Gemüse wegwerfen.

Die Pilze putzen, je nach Größe ggf. halbieren und 1-2 EL Olivenöl in einer großen Pfanne erhitzen. Pilze portionsweise braten. Mit Salz und Pfeffer würzen und beiseite stellen. Rucola putzen und mit etwas Olivenöl, Salz und Pfeffer marinieren.

Nun die Eier nacheinander pochieren. In der Zwischenzeit den Fond erhitzen. Eier mit einem Eierpikser einstechen. Wasser in einem Topf erhitzen und einen Spritzer Essig hinzufügen. Ein Ei in das siedende Wasser legen und bis 10 zählen. Das bewirkt, dass das Ei leicht vorgegart ist und sich später das Eiweiß nicht so schnell vom Eigelb trennen wird. Nun das Ei herausnehmen, vorsichtig aufschlagen und in das Wasser gleiten lassen. Etwa 3 Minuten pochieren und wieder aus dem Wasser heben. In einer Schüssel mit lauwarmem Wasser warm halten. Wenn alle Eier pochiert sind, diese auf Küchenpapier abtropfen lassen.

Pilze, saure Sahne und gehackte Petersilie in den Fond geben und alles kräftig würzen. Rucola auf vier Teller verteilen und die Pilze auf dem Rucola betten. Je ein pochiertes Ei darauf setzen, mit etwas Trüffelöl beträufeln und direkt servieren.

Linsen sind meine liebsten Hülsenfrüchte. Außer Kichererbsen vielleicht. Ich finde es faszinierend, wie viel Geschmack diese kleinen Hülsenfrüchte entwickeln können, auch ohne das halbe Gewürzregal zum Einsatz kommen zu lassen. Sie werden hier, wie beim Risotto, nicht nur in Wasser gegart, sondern vorher kurz in aromatisiertem Olivenöl angeschwitzt. Verwenden Sie unbedingt einen hochwertigen Balsamicoessig, um die Linsen zu würzen. Echter, traditionell hergestellter Balsamicoessig aus Traubenmost und Weinessig wird mehrere Monate im Holzfass gelagert, was ihm sein einzigartiges Aroma und die typische Farbe verleiht. So werden die Linsen, die oft nur als Beilage serviert werden, zum Highlight dieses Gerichts.

Gebratener Zander auf Balsamicolinsen

Zutaten für 4 Personen

500 g Zanderfilet
250 g Belugalinsen
2 Lorbeerblätter
1 Knoblauchzehe
guter Balsamicoessig
2 EL saure Sahne
30 g Butter
4 EL Olivenöl

250 g Hummerfond
100 ml trockener Weißwein
Cayennepfeffer
2 fein gewürfelte Schalotten
50 g Butter
1 EL Mehl
1 Becher Crème fraîche
Zitronensaft

schwarzer Pfeffer
Meersalz

Zander aus dem Kühlschrank nehmen und auf Zimmertemperatur bringen. Für die Linsen Olivenöl in einem Topf erhitzen. Geschälte und angedrückte Knoblauchzehe und Lorbeerblätter hinzugeben und das Öl etwa 5 Minuten lang aromatisieren. Linsen hinzugeben und kurz anschwitzen. Mit Wasser auffüllen und nach Packungsanweisung garen.

In der Zwischenzeit für den schnellen Hummerschaum 30 g Butter erhitzen und Schalotten darin glasig anschwitzen. 1 EL Mehl einrühren und ebenfalls kurz anschwitzen lassen. Mit dem Weißwein ablöschen und einköcheln lassen. Mit dem Fond auffüllen und ca. 15 Min. köcheln lassen. Crème fraîche hinzugeben und unterrühren.

Zanderfilets trocken tupfen und in 4 Stücke schneiden. Die Filets auf der Hautseite mit Salz und Pfeffer würzen. Restliches Öl und etwas Butter in einer beschichteten Pfanne erhitzen und die Filets darin zuerst etwa 4-5 Min. auf der Hautseite braten. Wieder etwas Butter hinzugeben, die Filets wenden und bei kleiner Hitze zu Ende garen.

Wenn die Linsen fertig gegart sind, das restliche Wasser abgießen und Linsen mit Balsamicoessig, Butter, saurer Sahne, etwas Olivenöl und Gewürzen kräftig abschmecken.
Die Soße ebenfalls mit Salz, Pfeffer, etwas Cayennepfeffer und Zitronensaft abschmecken. Kurz vor dem Servieren mit dem Zauberstab aufschäumen. Guten Appetit!

Dieses Rezept erfreut nicht nur Wildliebhaber. Da das zarte Hirschfleisch zusammen mit kräftigen Aromen und zahlreichen Kräutern serviert wird, kann man hier mehr von einer mediterranen Interpretation des Gerichts sprechen. Die Kruste aus getrockneten Tomaten und Pinienkernen mit der Rotweinsoße ist so lecker, dass man sich am liebsten alle zehn Finger danach lecken möchte. Als Beilage passt dazu ein cremiges Kartoffelgratin und ein schlichter Blattsalat (z.B. Feldsalat, Eichblatt, Rucola, Radicchio), der mit Aromen von gerösteten Nüssen, Parmesanspänen, ausgebratenem Bacon und Rotwein-Balsamicozwiebeln (10 rote Zwiebeln schälen und achteln und in einer Pfanne in Olivenöl anbraten. Mit Balsamicoessig und Rotwein ablöschen und etwas garen lassen) das Hauptgericht perfekt ergänzt. Der Salat bekommt ein einfaches Dressing aus 8 EL Olivenöl, 1 EL Weißweinessig, 1 EL frisch gepresstem Zitronensaft, 2 EL Wasser, 1 TL Senf sowie Salz und frisch gemahlenem schwarzen Pfeffer.

Toskanischer Hirsch mit getrockneten Tomaten und Pinienkernen

Zutaten für 4 Personen

Für den Hirsch:

1000 g Hirsch (Unterkeule)
120 g Pinienkerne
120 g getrocknete und in Öl eingelegte Tomaten
1 EL Olivenöl
3 rote Zwiebeln
3 Knoblauchzehen
2 Bund Basilikum
1-2 EL Butterschmalz
150 ml trockener Rotwein
Je ein paar Zweige Oregano, Thymian, Rosmarin
150 g frisch geriebener Parmesan
2 EL Butter

Für das Kartoffelgratin:

800 g Kartoffeln
250 ml Sahne
300 ml Milch
150 g geriebener Hartkäse
etwas geriebene Muskatnuss
1 TL Butter zum Ausfetten der Form

Die Pinienkerne ohne Öl goldbraun rösten und beiseite stellen. Getrocknete Tomaten, Basilikum und geschälte Zwiebeln schneiden. In einer kleinen Pfanne Zwiebeln in Olivenöl andünsten, anschließend die Tomaten zufügen und 2-3 Min. dünsten. Dann die Pinienkerne, den zerdrückten Knoblauch und Basilikum hinzufügen und miteinander vermischen. Diese Mischung ebenfalls beiseite stellen. Nun das Gratin vorbereiten. Zunächst die Kartoffeln schälen und in dünne Scheiben hobeln, dann die Gratinform mit Butter einfetten. Kartoffelscheiben und Käse schichtweise in die Form füllen und würzen. Dann die Form mit Sahne und Milch auffüllen und im Ofen für ca. 30 Min. bei 190 °C garen.
Jetzt das Fleisch in 3-4 cm dicke Medaillons schneiden und in Butterschmalz kräftig von jeder Seite 3-4 Min. in einer großen Pfanne anbraten. Die Medaillons salzen, pfeffern und herausnehmen und in eine feuerfeste Form legen. Den Bratensud mit etwas Rotwein ablöschen und diesen Sud unter die Pinienkernmischung geben und noch einmal kräftig mit Salz, Pfeffer, Oregano, Thymian und Rosmarin abschmecken. Dann die Mischung auf dem Fleisch verteilen, mit Parmesan und einigen Butterflöckchen bestreuen und den restlichen Rotwein angießen.
Anschließend die Form in den auf 190 °C vorgeheizten Backofen geben und ca. 10-12 Min. überbacken.

Das Kartoffelgratin mit kleinen Servierringen ausstechen und mit dem Hirsch zusammen servieren. Nach Wunsch Salat dazu reichen.

Dieses Parfait sorgt bei Jung und Alt für freudige Blicke. Die Kombination aus eiskalt und heiß ist immer beliebt, Karamell weckt Kindheitserinnerungen und jeder mag es. Was kann man da schon falsch machen? Den Extra-Kick bekommt das Dessert durch die Salzflocken vom Fleur de Sel, die mit ihrer Würze dem süßen Eis eine ganz besondere Note geben. Ich habe sie hier mit gemischten Beeren serviert. Genauso gut könnte man jedoch auch ein Kirschkompott oder filetierte Orangen dazu reichen. Da im Winter das saisonale Obstangebot sehr begrenzt ist, kann man hier gerne auf eingefrorene Sommerfrüchte zurückgreifen.

Salzkaramellparfait mit warmen Beeren

Zutaten für 4 Personen

75 g Zucker
350 ml Schlagsahne
3 frische Eier
1 Prise Salz
1 Vanilleschote

500 g gemischte Beeren (Himbeeren, Kirschen, Erdbeeren)
60 g Zucker
1 TL Speisestärke

1 TL Fleur de sel

Zucker in einer Pfanne goldbraun karamellisieren und mit 100 ml warmer Schlagsahne ablöschen. So lange köcheln lassen, bis sich der Karamell gelöst hat. Nun beiseite stellen und abkühlen lassen. Eier trennen. Eigelbe mit dem Karamell in einer großen Schüssel über einem heißen Wasserbad aufschlagen, bis die Masse cremig und dick ist. Die Schüssel vom Wasserbad nehmen und über Eiswasser kalt schlagen.

Die restliche Sahne und die Eiweiße mit etwas Salz in separaten Behältern steif schlagen und vorsichtig unter die Karamellcreme heben. Vanilleschote längs einritzen und das Vanillemark ebenfalls unterrühren.

Eine kleine Parfait- oder Terrineform mit etwas neutralem Öl einfetten und mit Frischhaltefolie auslegen. Die Eismasse einfüllen und am Besten über Nacht gefrieren.

Die Beeren mit dem Zucker in einem kleinen Topf bei mittlerer Hitze etwa 5 Minuten köcheln. Speisestärke in 1 EL Wasser anrühren und die Beeren damit binden. Erneut kurz aufkochen.

Das Parfait stürzen und in Scheiben schneiden. Auf den warmen Beeren anrichten und das Eis mit etwas Fleur de Sel bestreut servieren.

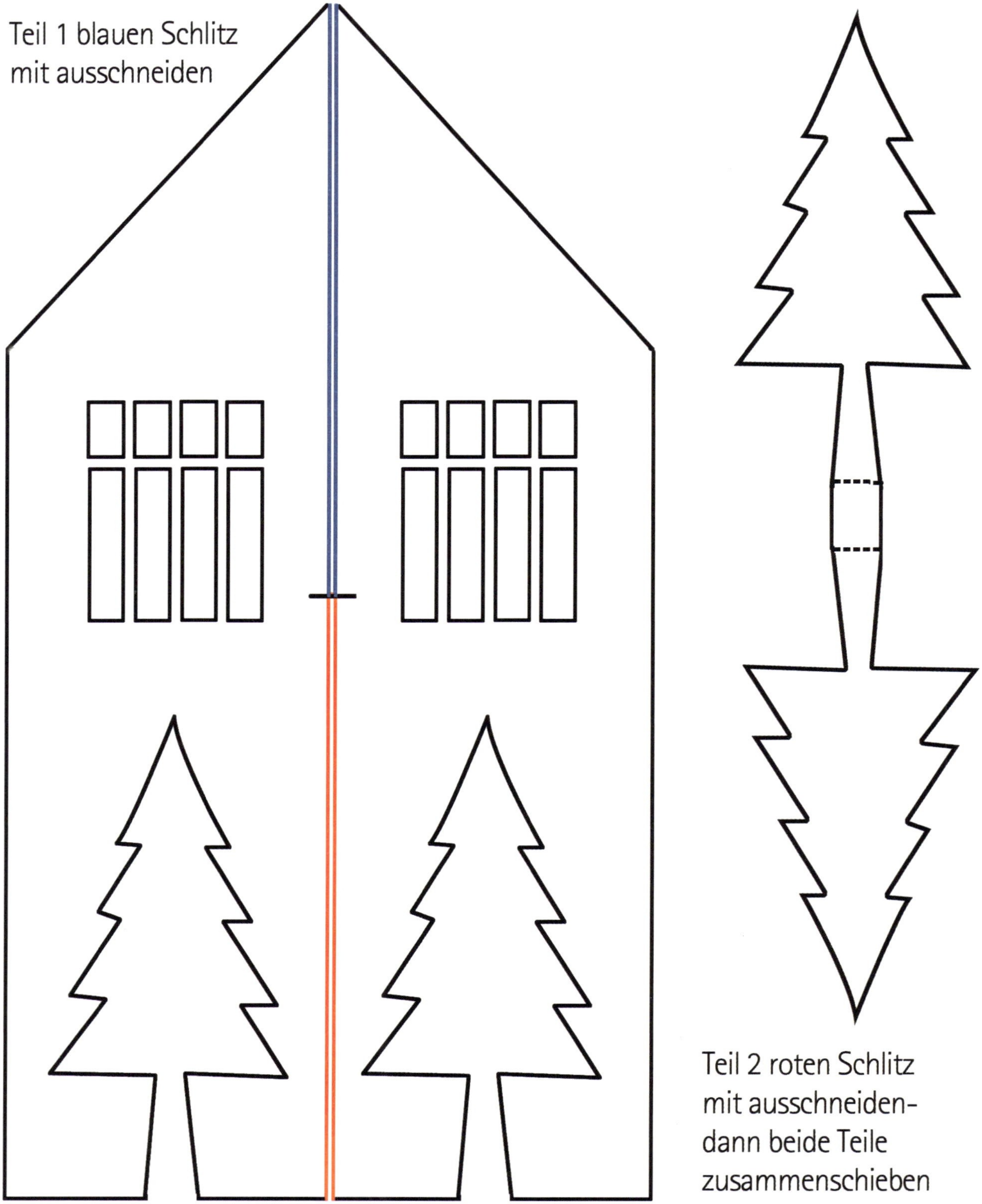
Teil 1 blauen Schlitz mit ausschneiden
Teil 2 roten Schlitz mit ausschneiden- dann beide Teile zusammenschieben

Tannen zum Backen
Form auf 150 % vergrößern

Fotos, Texte, Styling, Anleitungen, Rezepte:
Cover vorne: o li Flowers & Green Bildagentur/Fotos: Uwe Bick; o re Ira Goldbecker/Dirk Gerheim; u li Verena Becker/culinary-passion.com; u re Christian Mahn
Cover hinten: oben von li nach re Flowers & Green Bildagentur/Foto Uwe Bick; Nadja Buchczik; Christian Mahn; Verena Becker/culinary-passion.com; unten re House of Pictures: Kira Brandt/Gaia Rasmussen
Inhalt: S. 2 - 19 Styling, Anleitungen, Text: Flowers & Green Bildagentur / Fotos: Uwe Bick; S. 29 Nadja Buchczik; Seite 28, 30 - 49 Rezepte und Anleitungen: Leandra Jaranowsky / Fotos: Ira Goldbecker/Dirk Gerheim; S. 50 - 81 Konzept, Styling, Text, Anleitungen, Rezepte: Kerstin Hess / Fotos: Christian Mahn; S. 82 – 101 Text, Rezepte, Fotos: Verena Becker/culinary-passion.com; S. 102 + 103 Vorlagen Kerstin Hess.
House of Pictures: S. 20/21 Charlotte Schmidt Olsen/Eva Bak/Stine Rosenborg; S. 22 o + 23 Kira Brandt/Gaia Rasmussen; S. 22 u Charlotte Schmidt Olsen/Eva Bak/Stine Rosenborg; S. 24 Tommy Durath/Anna Örnberg; S. 25 re o Kira Brandt/Bente Halkjaer; S. 25 re u Kira Brandt/Gaia Rasmussen; wS. 25 li Tommy Durath/Anna Örnberg; S. 26 o, u + 27 Kira Brandt/Bente Halkjaer.
fotolia.com: S. 24 rope/picsfive; S. 42 lace fabric/tomer turjeman; S. 40 + 44 red and white tablecloth background/andersphoto; S. 61 picsfive; S. 61, 62, 68, 73, 78 + 81 textile background/mliberra; S. 87 Brad Pict; S. 82, 86, 88, 92, 94, 96, 98, 100 paper texture background/daboost; S. 37, 39, 41, 43, 45, 57, 87, 89, 91, 95, 97, 99, 101 gunge stars background/orangeberry.
Layout Christina Büscher
Druck und Verarbeitung DZS Grafik, Ljubljana, Slowenien
ISBN 978-3-512-04061-0

www.bussecollection.de

Kontakte:
www.flowersandgreen.de (Seiten 4 - 19)
www.culinary-passion.com (Seiten 82 - 101)
www.kerstinhess-frogart.de (Seiten 50 - 81)